BEI GRIN MACHT SICH IHR WISSEN BEZAHLT

- Wir veröffentlichen Ihre Hausarbeit,
  Bachelor- und Masterarbeit

- Ihr eigenes eBook und Buch -
  weltweit in allen wichtigen Shops

- Verdienen Sie an jedem Verkauf

Jetzt bei www.GRIN.com hochladen
und kostenlos publizieren

Bibliografische Information der Deutschen Nationalbibliothek:

Die Deutsche Bibliothek verzeichnet diese Publikation in der Deutschen National-bibliografie; detaillierte bibliografische Daten sind im Internet über http://dnb.d-nb.de/ abrufbar.

Dieses Werk sowie alle darin enthaltenen einzelnen Beiträge und Abbildungen sind urheberrechtlich geschützt. Jede Verwertung, die nicht ausdrücklich vom Urheberrechtsschutz zugelassen ist, bedarf der vorherigen Zustimmung des Verlages. Das gilt insbesondere für Vervielfältigungen, Bearbeitungen, Übersetzungen, Mikroverfilmungen, Auswertungen durch Datenbanken und für die Einspeicherung und Verarbeitung in elektronische Systeme. Alle Rechte, auch die des auszugsweisen Nachdrucks, der fotomechanischen Wiedergabe (einschließlich Mikrokopie) sowie der Auswertung durch Datenbanken oder ähnliche Einrichtungen, vorbehalten.

Impressum:

Copyright © 2018 GRIN Verlag
Druck und Bindung: Books on Demand GmbH, Norderstedt Germany
ISBN: 9783668726529

Dieses Buch bei GRIN:

https://www.grin.com/document/427239

Noah Rümmele

Das Darknet. Gefahren und Chancen

GRIN Verlag

GRIN - Your knowledge has value

Der GRIN Verlag publiziert seit 1998 wissenschaftliche Arbeiten von Studenten, Hochschullehrern und anderen Akademikern als eBook und gedrucktes Buch. Die Verlagswebsite www.grin.com ist die ideale Plattform zur Veröffentlichung von Hausarbeiten, Abschlussarbeiten, wissenschaftlichen Aufsätzen, Dissertationen und Fachbüchern.

Besuchen Sie uns im Internet:

http://www.grin.com/

http://www.facebook.com/grincom

http://www.twitter.com/grin_com

Vorwissenschaftliche Arbeit

Titel der vorwissenschaftlichen Arbeit:

Das Darknet -

Gefahren und Chancen

Verfasser:

Noah Rümmele

Dornbirn, August 2017

Abstract

Die vorliegende Arbeit beschreibt Gefahren und Chancen des sogenannten Darknets. Die zentrale Frage behandelt die Rolle, die dieser digitale Marktplatz aktuell und in Zukunft in unserer Gesellschaft spielt bzw. spielen wird.

Die Arbeit beinhaltet eine Begriffsbestimmung des Darknets, da es ein sehr neuer Begriff ist und vielleicht noch nicht jedem klar ist, was darunter zu verstehen ist. Es werden ebenfalls die verschiedenen Begriffe und Technologien rund um das Darknet erklärt, wie Tor, Bitcoin und Deep Web. Die Verwendung des Darknets, ob legal oder illegal, wird genauer erläutert und abschließend wird noch auf die Rechtslage eingegangen.

Wenn man sich mit dem Thema ‚Darknet' beschäftigt, stellt man sich ziemlich bald folgende Fragen: Was ist das Darknet? Wer benutzt das Darknet? Und wie kann man Straftaten, die auf das Darknet zurückgehen, verfolgen? Diese Fragen und viele mehr versucht diese Arbeit zu beantworten. Jedoch das Wichtigste vorweg: Das Darknet und die damit verbundenen neuen Technologien sind nicht ausschließlich negativ, sie haben auch ihren Nutzen.

Inhaltsverzeichnis

1. Einleitung

Der Begriff „Darknet" taucht seit einiger Zeit immer wieder im Zusammenhang mit Terroranschlägen und anderen schweren Straftaten in den Medien auf. Der Zusammenhang besteht darin, dass die Täter ihre Tatwaffen, die Bauteile einer Bombe oder gar eine komplette Bombe über das Darknet bezogen haben. Zudem wird auch oft über Fälle berichtet, in denen das Darknet für illegale Drogen- und Medikamentenbezüge oder die Verbreitung von kinderpornografischen Inhalten verwendet wird. Ein aktueller Fall handelt von dem Amokschützen David S., der am 22. Juli 2016 neun Menschen in München mit seiner aus dem Darknet gekauften Glock 19 Pistole erschossen hat.[1]

Die Anzahl der Straftaten hat in den letzten zehn Jahren in Österreich stetig abgenommen. Doch im letzten Jahr wurde ein Anstieg von 3,8 Prozent registriert, obwohl alle herkömmlichen Straftaten an Häufigkeit verloren haben. Dieses Plus von 3,8 Prozent ist alleine auf den extremen Anstieg der Internetkriminalität zurückzuführen, die innerhalb von nur einem Jahr um 30,8 Prozent gestiegen ist.[2]

Am Anfang der Arbeit werde ich erklären, was das Darknet überhaupt ist und wie man in das Darknet gelangen kann. Anschließend führe ich ein Experiment durch, bei welchen ich den Tor Browser auf meinem Computer installiere und mir somit ein eigenes Bild vom Darknet machen kann. Ich dokumentiere die einzelnen Schritte und halte meine Erfahrungen fest.

---

[1] Süddeutsche Zeitung (Hrsg.): Amokschütze von München besorgte sich Waffe im Darknet. 24.07.2016. http://www.sueddeutsche.de/panorama/eil-amokschuetze-von-muenchen-besorgte-sich-waffe-im-darknet-1.3092518 (Zugriff: 23.08.2017).

[2] Steiner, Katharina: Sicherheit in Österreich. S. 9. https://goed.at/fileadmin/magazin/2017-03/mobile/index.html#p=9 (Zugriff: 28.10.2017).

Zu den verwendeten Hilfsmitteln gehören Bücher, Internetquellen, kurze Videos und ein Experiment. Ich habe verschiedene Literatur und Quellen verwendet, um weitestgehend alles abzudecken. Die Hauptwerke sind aufgrund ihrer Qualität und Aktualität : „Darknet - Die Schattenwelt des Internets" von Otto Hostettler und „Darknet - Waffen, Drogen, Whistleblower - Wie die digitale Unterwelt funktioniert" von Stefan Mey.

Die Frage, die ich beantworten werde, lautet: Wo liegen die Gefahren und Chancen im Darknet? Ich werde die Hintergründe dieses Netzwerks aufzeigen, um es so besser verständlich zu machen. Das Darknet birgt sowohl Chancen als auch Gefahren. Die vorliegende Arbeit soll bei der Beurteilung helfen, ob die Chancen oder Risiken des Darknets überwiegen.

Nach einer umfassenden allgemeinen Beschreibung des Darknets wird auf die legalen und illegalen Seiten des Darknets eingegangen. Anschließend werden die möglichen Verwendungen aufgezählt und das Experiment dokumentiert. Die aktuelle Rechtslage um das Darknet wird zum Schluss beschrieben.

Die Arbeit wurde auf die Verwendungsformen und die Inhalte des Darknets eingeschränkt. Die Technik hinter dem gesamten System wird, außer dem Tor-Browser, nicht angeschnitten.

2. Begriffsbestimmung „Darknet"

Das Darknet ist ein sehr neues Phänomen, das sich im Internet befindet. Seit einigen Jahren hat sich dort fast schon eine Parallelgesellschaft entwickelt. Im Darknet gibt es einen rapide wachsenden Handel von einer unvorstellbar vielseitigen Palette von illegalen Dienstleistungen und Waren.[3] Obwohl laut Constanze Kurz, der Sprecherin des Chaos Computer Clubs in Zürich, auf nur 0,3 bis 4 Prozent aller Websiten im Darknet dubiose Inhalte vertreten sind [4], ist das schier unglaublich, wenn man in Betracht zieht, dass die Anzahl der Internetseiten im Darknet die im World Wide Web um ein Vielfaches überschreitet. Das Deep Web, in dem sich das Darknet befindet, ist Schätzungen nach bis zu 500-mal größer als das normale World Wide Web.[5] Wie in der Abbildung 1 dargestellt, befindet sich das World Wide Web nur an der Oberfläche des Ozeans.

Abbildung 1: Wo ist das Darknet?

---

[3] Vgl. Hostettler, Otto: Darknet. Die Schattenwelt des Internets. Zürich 2017, S. 15.

[4] Baurmann, Jana G.: Eine ziemlich gute Sache. 05.09.2016. http://www.zeit.de/2016/33/darknet-bashing-tor-software-rechtlosigkeit (Zugriff: 24.08.2017).

[5] Vgl. Hostettler, 2017, S. 19f.

Der Begriff Internet umfasst alle online gestellten Websites, von denen es aktuell laut dem Auswertungsdienst Internetlivestats rund eine Milliarde gibt. Mit einer herkömmlichen Suchmaschine, wie zum Beispiel Google oder Yahoo, werden jedoch nur ein kleiner Teil dieser existierenden Webseiten gefunden. Laut Trolls Oerting, dem ehemaligen Leiter des Europol-Kompetenzzentrums Cybercrime, auch EC3 genannt, können gerade einmal vier Prozent aller Websiten im Internet von Suchmaschinen gefunden werden. Die restlichen 96 Prozent befinden sich somit im Deep Web. Die Meinungen zu den genauen Zahlen gehen aber weit auseinander. Der niederländische Journalist Henk Van Ess zum Beispiel schätzt, dass etwa 35 Prozent der Websiten von herkömmlichen Suchmaschinen gefunden werden und sich nur 65 Prozent im Deep Web befinden. Doch nichtsdestotrotz sind sich alle einig, dass die Mehrheit der Websiten sich im Deep Web befinden.[6]

Primär wird der Begriff Darknet für sogenannte „Hidden Services" verwendet. „Hidden Services" sind Inhalte im Internet, die aufgrund ihrer Domainnamen ausschließlich mit dem TOR-Browser gefunden werden können.[7]

2.1 The Onion Router

The Onion Router (Tor) ist ein Browser, den jeder aus dem Internet auf den Computer laden kann und somit anonym bleiben und die Zensur umgehen kann.[8] Im Darknet enden die Webseiten nicht wie im World Wide Web auf *.com*, *.de* oder *.at* sondern auf *.onion*. „Onion", auf deutsch Zwiebel, dient als Symbol der schichtartigen Verschlüsselung durch Tor.[9]
Die entscheidende Funktion von Tor besteht darin, dass die IP-Adresse bei einem Zugriff von einem Benutzer auf die Zielseite nicht mitgeliefert wird. Diese IP-Adresse wird bei einem Zugriff mehrfach verschleiert, sodass der Benutzer nicht mehr eruierbar und somit anonym ist. Die Verschleierung wird dadurch erreicht, dass die Suchanfrage eines Benutzers über mehrere zufällig ausgewählte sogenannte Relays geschickt wird.

---

[6] Vgl. Hostettler, 2017, S. 17f.

[7] Vgl. ebd. S. 18.

[8] Vgl. Loshin, Peter: Anonym im Internet mit Tor und Tails. Nutze die Methoden von Snowden und hinterlasse keine Spuren im Internet. Haar Bei München 2015, S. 21.

[9] Vgl. Hostettler, 2017, S. 18.

Die Relays bestehen aus mehreren tausend freiwilligen Tor-Benutzern, die ihren Computer mit ein paar einfachen Handgriffen zum Knoten bzw. Relay-Punkt um-funktioniert haben und ihn dem Netzwerk zur Verfügung stellen. Bei jedem weiteren Relay-Punkt den der Zugriff erreicht, werden die Informationen von dem vorletzten Relay-Punkt vergessen. Somit kann eine Suchanfrage nur sehr schwer zurückver-folgt werden.[10] In der Abbildung 2 erkennt man diese Relay-Punkte (Computer) und die verschwindenden Informationen (Verbindungen).[11]

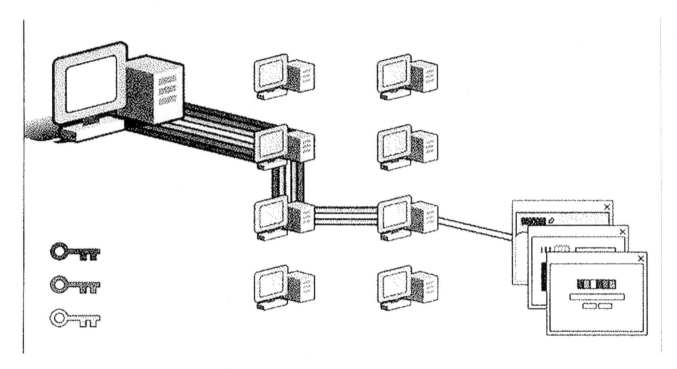

Abbildung 2: Der Weg zum Ziel

Durch die Offenlegung der Informationen über die NSA, also die Amerikanische Si-cherheitsbehörde, durch Snowden hat sich die Anzahl der Tor-Nutzer verdoppelt. Aktuell verzeichnet Tor täglich zwischen 1,5 und 2 Millionen Nutzer. Die meisten da-von kommen aus den USA (350 000 Nutzer), dahinter folgen die Benutzer aus Russ-land (200 000 Nutzer), Deutschland (180 000 Nutzer) und Frankreich (100 000 Nut-zer).[12]

---

[10] Vgl. Loshin, 2015, S. 24.

[11] Vgl. ebd. S. 31.

[12] Vgl. Hostettler, 2017, S. 31.

Noch wichtig zu wissen ist, dass Tor nur ein Browser ist und nich das Darknet. Sowie Safari genauso nur ein Browser ist und nicht das World Wide Web.

Mit dem Tor-Browser können jedoch nicht nur Webseiten im Darknet angesteuert werden, sondern auch alle Webseiten im normalen World Wide Web.[13] Nur etwa 1 - 3 Prozent der Menschen, die Tor benutzen, steuern Seiten im Darknet an. Die restlichen 97 - 99 Prozent verwenden Tor, um Webseiten anonym im World Wide Web anzusteuern.[14] Dieses Verhältnis wird in der Abbildung 3 dargestellt.

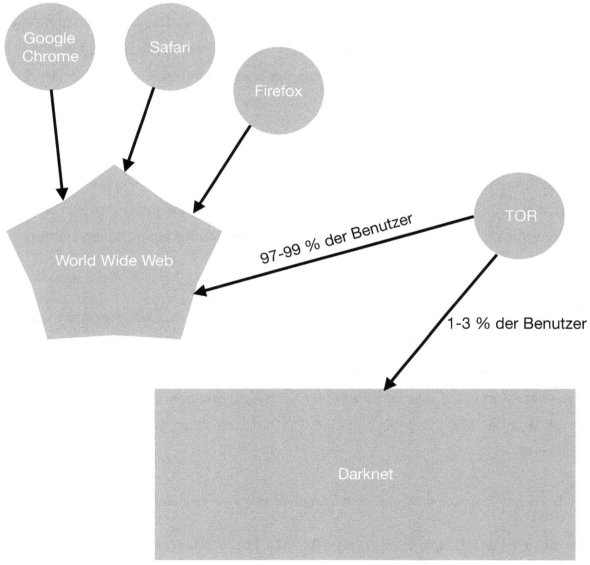

Abbildung 3: Tor als Browser

---

[13] Vgl. Loshin, 2015, S. 21.

[14] Humpa, Michael: Die beliebtesten Seiten im Darknet: Die Nummer 1 haben auch sie schon angesurft. 06.08.2017. http://www.chip.de/news/Die-besten-Darknet-Seiten-Surf-tipps-in-der-dunklen-Seite-des-Internets_119862373.html (Zugriff: 05.01.2018).

2.2 Bitcoin

Bitcoin ist ein selbständiges Währungssystem wie Euro oder US-Dollar. Der Unterschied liegt nur darin, dass mit Bitcoins ausschließlich digital gehandelt wird. Bitcoin erfüllt somit auch alle Voraussetzungen für eine Währung. Es kann als Tauschmittel (Bitcoin gegen Schuhe), als Wertaufbewahrung und als Rechenmittel (0.05 Bitcoin = 1 Paar Schuhe) eingesetzt werden. Der Wert eines Bitcoins bestimmt, wie bei allen anderen herkömmlichen Währungen, das Vertrauen in die Währung.[15]
Aktuell ist ein Bitcoin 3.567 Euro wert.[16] Doch der Wert war nicht immer so hoch. Am 22. Mai 2010 bestellte ein Programmierer aus Florida in einem Internetforum zwei Pizzen. Er bot dem Zusteller 10.000 Bitcoins als Zahlung an. Der Deal kam zustande und ging als erstes Geschäft, das mit Bitcoins abgewickelt wurde, in die Geschichte ein. Nebenbei sind die 10.000 Bitcoins bei heutigem Kurs knapp 36 Millionen Euro wert.[17]

Das Konzept der Kryptowährung beruht quasi auf einem öffentlich geführten Register. In diesem Register, das nichts anderes als ein Kassabuch ist, werden alle ausgeführten Transaktionen verschlüsselt aufgelistet. Diese sogenannten Blockchain wird nicht zentral gespeichert und jeder kann sich an den Rechenoperationen beteiligen. Eine Bank wird somit nicht benötigt.[18]

Die einem zur Verfügung stehenden Bitcoins werden in einer sogenannten Wallet, auf deutsch Geldtasche, gespeichert. Die einzelnen Blöcke in der Blockchain enthalten Informationen, von welcher Adresse wann und wie viele Bitcoins wohin transferiert wurden. Anhand dieser Informationen kann man erkennen, wieviele Bitcoins gesamt mit welcher Adresse verknüpft sind. Die Adresse ist letztlich nichts anderes als die Wallet.[19]

---

[15] Vgl. Dr. Giese, Philipp u.a.: Die Bitcoin Bibel. Das Buch zur digitalen Währung. Kleve 2017, S. 5f.

[16] finanzen.at (Hrsg.): Bitcoin-Euro-Kurs. 24.08.2017. http://www.finanzen.at/devisen/bitcoin-euro-kurs (Zugriff: 24.08.2017).

[17] Neuhaus, Carla: Was hinter dem Kursanstieg der Bitcoins steckt. 23.05.2017. http://www.zeit.de/wirtschaft/2017-05/bitcoins-digitale-waehrung-kursanstieg-experten-furcht-blase (Zugriff: 24.08.2017).

[18] Vgl. Hostettler, 2017, S. 45.

[19] Vgl. Giese u.a., 2017, S. 98f.

Diese Rechenoperationen spielen sich im Hintergrund ab. Ein Benutzer bekommt nichts davon mit. Wenn eine Überweisung von einem Benutzer freigegeben wird, wird diese als Erstes an ein weltweites Netzwerk von Rechnern gesendet und auf die Gültigkeit der Transaktion überprüft. Sobald sie von dem Netzwerk als gültig anerkannt wird, wird sie in die Blockchain aufgenommen und somit ausgeführt.[20]

Bitcoin wird für den kompletten Handel im Darknet eingesetzt, denn die Benutzer denken, dass sie damit völlig anonym Geld transferieren können. Dem ist jedoch nicht so. Es ist ein weit verbreiteter Irrglaube, dass Kryptowährungen vollkommen anonym sind. Alle Geldströme sind sogar für jedermann ersichtlich. Die verantwortlichen Personen sind jedoch nicht bekannt, können aber durch Ermittlungen ausfindig gemacht werden. Durch das frei zugängliche Register ist es auch relativ schwierig, unauffällig große Geldbeträge zu horten oder zu transferieren.[21]

---

[20] Vgl. Hostettler, 2017, S. 45.

[21] Vgl. ebd. S. 54.

3. Illegale Inhalte im Darknet

Der erste richtige Marktplatz im Darknet war die sogenannte „Silk Road", die im Januar 2011 online ging. Der Gründer dieser Plattform war Ross Ulbricht, der nach jahrelangen Ermittlungen wegen Schwarzhandels schlussendlich aufgespürt wurde. Er wurde im Alter von 31 Jahren wegen der Führung eines kriminellen Unternehmens, in den USA, zu einer lebenslangen Haftstrafe verurteilt[22] und „Silk Road" wurde gesperrt. Doch der groß angepriesene „Shutdown" der „Silk Road" brachte keine wesentlichen Veränderungen für den Handel im Darknet mit sich. Die Konkurrenten von „Silk Road", vor allem „Black Market Reloaded", „Chiefly" und „Sheep Marketplace" blühten auf und nach genau einem Monat und drei Tagen war „Silk Road 2.0" online. Zur Eröffnung war ein Appell und zugleich eine Kampfansage auf der Seite zu lesen, in der stand, dass „Silk Road" keine einzelne Person ist (Ross Ulbricht), sondern eine Idee, welche die Strafverfolgung nicht stoppen kann.[23]

Die Marktplätze im Darknet verschwinden so schnell, wie sie auftauchen. „Silk Road 2.0" war genau nach einem Jahr wieder offline und die 3.0 Version von „Silk Road" war noch viel kürzer online.[24]

Top-Markets (Oktober 2015)	Top-Markets (Februar 2017)
Abraxas Market	AlphaBay
AlphaBay	Dream Marktet
Dream Market	Valhalla (Silkkitie)
Outlaw Market	Outlaw Market
Silkkitie	Hansa Market
Middle Earth Marketplace	

Tabelle 1: Ranking der Marktplätze.

---

[22] Wikipedia (Hrsg.): Ross Ulbricht. 04.08.2017. https://de.wikipedia.org/wiki/Ross_Ulbricht (Zugriff: 06.08.2017).

[23] Vgl. Hostettler, 2017, S. 115.

[24] Vgl. ebd. S. 119.

Die Marktplätze geben immer wieder bekannt, wieviele registrierte Benutzer sie aufweisen. „AlphaBay" konnte Anfang Februar 2015 etwa 77 000 registrierte Benutzer aufweisen. Ende Oktober 2015 waren es schon 223 000 Benutzer. Es gibt keine aktuelleren Zahlen, da seit dem keine neuen veröffentlicht wurden.[25]

Die Anzahl der Handelsgüter weist auch enorme Zuwächse auf. Die Angebote haben sich zwischen 2015 und 2016 mehr als verzehnfacht. „AlphaBay" konnte seine Angebote von 16 800 im September 2015 auf 202 500 im Februar 2017 steigern. Der im Oktober 2014 größte Marktplatz war „Silk Road 2.0" mit 14 000 Angeboten. Daran kann man das enorme Wachstum dieser Umschlagplätze erkennen.[26] Dieses gigantische Wachstum wird in der Abbildung 4 dargestellt.

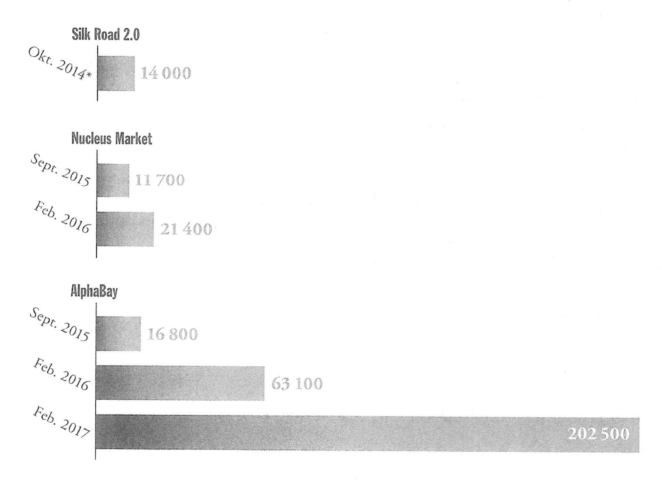

Abbildung 4: Boomendes Angebot

[25] Vgl. Hostettler, 2017, S. 104.

[26] Vgl. ebd. S. 104.

3.1 Umschlagplätze

Die Marktplätze basieren auf dem Prinzip, dass sowohl die Käufer als auch die Verkäufer über keinerlei Programmierkenntnisse verfügen müssen. Der Vorteil solcher Marktplätze liegt für die Verkäufer am Wegfall der eigenen Webseite, die kompliziert zu programmieren wäre, und für die Käufer klar an der Produktvielfalt, welche auf großen Marktplätzen verfügbar ist.

Diese online-Plattformen haben viel gemeinsam. Sie orientieren sich an der Konkurrenz, wenn es um die angebotenen Funktionen geht. Die erste Version von „Silk Road", welche der erste Marktplatz war, wird immer noch häufig als Vorlage für neue Marktplätze verwendet. Den Programmierern ist es sehr wichtig, dass die Plattform so benutzerfreundlich wie möglich ist.[27] Die Marktplätze haben oft einen sehr hohen Grad an Benutzerfreundlichkeit erreicht und werden sogar manchmal als ‚Amazon des Darknets' bezeichnet.[28] Diese Bezeichnung kommt wahrscheinlich daher, dass die Marktplätze im Darknet alle eine einheitliche Struktur und Aufbau aufweisen, die sehr stark an das Layout der herkömmlichen Online-Anbieter erinnert. Auf jedem Marktplatz im Darknet sind zum Beispiel mehrere Unterkategorien aufgeführt. Diese Unterkategorien sind überall gleich angeführt und unterscheiden sich wenn denn in ihrer Reihenfolge.[29] Die wichtigsten Kategorien sind:

- Drogen (Cannabis, Ecstasy usw.)
- Alkohol
- Mode (gefälschte Designermode)
- Bitcoin (An- und Verkauf; Software für Bitcoin-Mining)
- Computer Zubehör
- Fälschungen (Pässe, Ausweise)
- Geld (Falschgeld, geklaute Kreditkarten)[30]

Die oben angeführten Punkte sind nur ein kleiner Ausschnitt der tatsächlich vorhandenen Kategorien.

---

[27] Vgl. Hostettler, 2017, S. 75.

[28] Schiffer, Christian: Wie Ermittler „AlphaBay" und „Hansa" knackten. 21.07.2017. http://www.br.de/nachrichten/schlag-gegen-darknet-100.html (Zugriff: 10.09.2017).

[29] Vgl. Hostettler, 2017, S. 105.

[30] Vgl. ebd. S. 77.

Durch eine Registrierung auf einem Marktplatz werden verschiedene Funktionen freigeschalten. Somit hat man dann die Möglichkeit über einen privaten Chat, Kontakt mit dem Händler aufzunehmen. Zudem hat man Zugriff auf die Verkaufsstatistiken von den einzelnen Händlern und die Kundenfeedbacks, die im Darknet einen sehr hohen Stellungsgrad besitzen. Ein registrierter Nutzer hat des Weiteren die Möglichkeit, einzelne Händler, aufgrund eines Betruges oder Sonstigem, auf eine schwarze Liste zu setzen, um andere Käufer zu warnen. Alle Marktplätze bieten zudem ein Forum für ihre Nutzer an. In diesen Foren tauschen sich die Benutzer über betrügerische Marktteilnehmer, aber auch über allgemeine Fragen, aus.[31]

---

[31] Vgl. Hostettler, 2017, S. 105.

3.2 Angebotene Produkte und Dienstleistungen

3.2.1 Materielle Güter

Zusätzlich zu den Drogen, von welchen jede denkbare Sorte verfügbar ist, wird Alkohol, gefälschte Mode, Bücher, Computer Equipment, gefälschte Ausweise und Dokumente, gefälschte oder gestohlene Pässe, Falschgeld, gestohlene Güter, wie zum Beispiel Kreditkarten, Pornografie und Edelmetalle angeboten. Das sind noch lange nicht alle Angebote auf den Marktplätzen im Darknet, doch ein großer Teil der Angebote ist durch die oben genannten Kategorien abgedeckt.[32] Vereinzelt werden aber auch seltene Güter angeboten, wie zum Beispiel Uranium.[33]

Nun werden sich einige fragen, wieso Bücher unter den ansonsten dubiosen und kriminellen Angeboten vorkommen. Der Grund sind die Urheberrechte, die nicht respektiert werden. So gibt es kopierte Exemplare zu sehr günstigen Preisen zu kaufen.[34]

---

[32] Vgl. ebd. S. 77f.

[33] a plus (Hrsg.): 5 scary things anyone can buy in the darkness illegal markets. 24.08.2014. http://aplus.com/a/Darknets-illegal-drug-and-weapons-market?no_monetization=true (Zugriff: 29.10.2017).

[34] Yeung, Peter: Eine Tour durch die schönsten, schrägsten absolut legalen Seiten des Deepwebs. 29.05.2014. https://motherboard.vice.com/de/article/9a3jqa/was-das-deep-web-ausser-dem-Ueblichen-und-verdaechtigen-noch-zu-bieten-hat (Zugriff: 29.10.2017).

Da in meinem späteren Experiment keine Testbestellungen abgegeben werden, sind die Erfahrungen des Journalisten Otto Hostettler, der im Rahmen seines Buches insgesamt sieben Testbestellungen, alle mit pharmazeutischen Inhalten, getätigt hat, für mich sehr interessant. Sein Fazit: Der Service ist top! Fünf der sieben Bestellungen trafen schon nach wenigen Tagen ein und bei den restlichen zwei wurde, aus welchem Grund auch immer, der gesamte Geldbetrag zurückerstattet. Die Bestellung enthielt: Clonazepam (verschreibungspflichtiges Antiepileptikum, das als Ersatzdroge für Heroin konsumiert wird), Primobolan (Steroide), Ritalin (Betäubungsmittel), Temesta (Betäubungsmittel) und Cannabis (Betäubungsmittel). Die Gewinnspanne bei solchen Stoffen ist für die Verkäufer gigantisch. Bei Clonazeptam zum Beispiel beträgt die Marge unglaubliche 1347 %.[35]

Zu der großen Palette an angebotenen Drogen kommen noch Waffen dazu. Eine österreichische Glock Pistole ist für 1290 Euro zu haben. Der Verkäufer dieses Angebots wirbt ebenfalls explizit damit, dass er auf Nachfrage andere Pistolen oder sogar höchst illegale Maschinengewehre auftreiben kann.[36]

Ebenfalls zu kaufen gibt es Pässe und Ausweiskopien. Diese sind für nur wenige Euro erwerbbar und dienen zur Aufstellung einer falschen Identität im Internet. So kann zum Beispiel das Bild als Profilbild in Facebook verwendet werden. Und wenn um eine Identitätsbestätigung gebeten wird, kann einfach der Scan des Ausweises geschickt werden. Ein echter Pass kommt einen da schon teurer, es lassen sich Angebote für einen Schweizer Pass um 900 Dollar finden.[37]

Ebenfalls angeboten werden gestohlene Paypal-Konten. Bei den Konten wird ein Bezugslimit von je 1.600 Dollar angegeben. Kostenpunkt: 400 Dollar. 150.000 E-Mail-Adressen sind für insgesamt 38 Dollar zu haben und zehn gefälschte 50 Euro Noten für nur 8 Dollar.[38]

---

[35] Vgl. Hostettler, 2017, S. 91-99.

[36] Mey, Stefan: Darknet. Waffen, Drogen, Whistleblower. München 2017, S. 54.

[37] Vgl. Hostettler, 2017, S. 63.

[38] Vgl. ebd. S. 64.

Die Anzahl der verfügbaren Angebote lässt sich mit dieser Tabelle besser veranschaulichen. Die Zahlen beziehen sich nur auf den Marktplatz „AlphaBay" am 19. Februar 2017. Die Zahlen erscheinen als sehr hoch, doch in der Realität sind solche Angebote die Ausnahme.[39]

Kategorie	Anzahl Angebote
Betrug	37.475
Drogen und Chemiealien	202.466
Anleitungen und Tutorials	13.273
Gefälschte Wahre	7.296
Digitale Produkte	15.305
Juwelen und Gold	1.578
Waffen	3.538
Gefälschte Karten	3.539
Dienstleistungen	6.995
Andere Angebote	3.416
Software und Malware	2.759
Sicherheit und Hosting	702

Tabelle 2: Anzahl der Angebote.

---

[39] Vgl. Hostettler, 2017, S. 69.

3.2.2 Dienstleistungen

Zu den etlichen materiellen Angeboten kommen noch einige Dienstleistungen hinzu. Die Dienstleistung des Hackens wird als „Crime-as-a-Service" bezeichnet. Die Angebote in dieser Rubrik umfassen Verleumdungskampagnen, die dem Opfer immensen Schaden zufügen können. Es werden zum Beispiel verbotene Inhalte auf den Computer des Opfers geladen. Ebenfalls können E-Mail-Konten oder soziale Medien gehackt werden. Die Preise variieren je nach Status der Zielperson. Deutlich billiger sind sogenannte E-Mail-Bomben. Dabei wird der E-Mail-Account der Zielperson solange mit tausenden E-Mails bombardiert, bis der Server abstürzt.[40] Dasselbe gilt auch für Webseiten. Es steht ein Dienst zum Verkauf, bei dem die Webseite des Opfers mit tausenden Zugriffen bombardiert wird, bis der Server ebenfalls abstürzt.[41]

Die abartigsten Angebote lassen sich ebenfalls unter den Dienstleistungen finden. Hier werden Einschüchterungen wie Verprügeln je nach Status für 3.000 Dollar bis 18.000 Dollar angeboten. Eine Vergewaltigung einer minderjährigen Person ist für 84.000 Dollar zu kaufen. Auf Wunsch des Auftraggebers können auch bleibende Körperschäden verursacht werden. Der Preis hierfür liegt bei 30.000 bis 120.000 Dollar. Und zu guter Letzt werden Auftragsmorde angeboten, die als Unfall mit Todesfolge dargestellt werden. Diese Dienstleistungen sind für 75.000 bis 300.000 Euro zu haben. Bei solchen Angeboten ist die Ausführung jedoch fraglich. Da das Geld in Form von Bitcoins im Voraus bezahlt wird, schätzen Experten die Ausführung solcher Anschläge als sehr unwahrscheinlich ein.[42]

---

[40] Vgl. Hostettler, 2017, S. 65.

[41] Vgl. Mey, 2017, S. 61.

[42] Vgl. Hostettler, 2017, S. 68f.

3.3 Illegale Verwendung

Es gibt ingesamt drei Verwendungen für das Darknet, die sich für unsere Gesellschaft als Nachteil erweisen:

- Kauf von illegalen Produkten und Dienstleistungen[43]
- Anonyme Kommunikation verbotener Gruppen[44]
- Zugriff auf illegale Medien (Kinderpornographie)[45]

Diese Punkte sprechen klar gegen das Darknet, da sie alle illegal sind und der Öffentlichkeit schaden. Der Kauf von illegalen Produkten und Dienstleistungen ist gänzlich, außer die Drogen zum Privatkonsum, auf den Schaden anderer ausgelegt. Die anonyme Kommunikation verbotener Gruppen schadet ebenfalls der Gesellschaft, da sich damit zum Beispiel Terrorgruppen, ohne Aufsehen zu erregen, organisieren können. Und zu guter Letzt der Zugriff auf illegale Medien, wie zum Beispiel Kinderpornographie, was der Bevölkerung ebenfalls immensen Schaden zufügen kann, da dadurch oft Nachahmer entstehen.

---

[43] Vgl. Hostettler, 2017, S. 66f.

[44] Vgl. ebd. S. 80f.

[45] Vgl. ebd. S. 42.

4.   Legale Inhalte im Darknet

Das vorherige Kapitel handelte von den illegalen Angeboten im Darknet, die sowohl gesetzlich als auch moralisch strikt abzulehnen sind. Zu diesem negativen Teil kommen jedoch etliche, andere Funktionen des verschlüsselten Internets.[46] Die Erfinder von Tor sind sehr verärgert über die ständig schlechten Schlagzeilen über das Darknet, denn berichtet wird nur über die Marktplätze, die an einer Hand abgezählt werden können.[47] Die „gute" Verwendung des Darknets lässt sich in drei verschiedene Nutzungsformen unterteilen:

1.   Darknet als alternativer Zugang
2.   Darknet-Adressen als Baustein
3.   Exklusive .onion Inhalte[48]

4.1 Darknet als alternativer Zugang

Eine .onion Adresse im Darknet zusätzlich zur normalen Internetadresse im World Wide Web, die sozusagen als ein alternativer Zugang gesehen wird, ist die am häufigsten legale Verwendung der TOR-Technologie. Dadurch bieten die Netzwerke ihren Nutzern die Möglichkeit, sich anonym auf ihren Seiten zu bewegen. Zusätzlich bringt es den Vorteil, dass zum Beispiel soziale Netzwerke wie Facebook selbst in den Ländern, wo die Benutzung normalerweise durch Zensur nicht möglich ist, benutzt werden kann.[49]

Die positive Nutzungsform, die den meisten Menschen beim Thema Darknet als Erstes in den Sinn kommt, ist wahrscheinlich die Existenz der anonymen Whistleblower-Postfächer. Obwohl sich die meisten Leaking-Portale auch unter einer normalen Internetadresse ansteuern lassen, besitzen sie auch eine .onion Adresse. Das wohl berühmteste Beispiel ist das Netzwerk „Wikileaks". Befindet man sich auf der .onion Seite, lassen sich über einen nicht zu übersehenden Button Dokumente hochladen.

---

[46] Vgl. Mey, 2017, S. 67.

[47] Humpa, Michael: Die beliebtesten Seiten im Darknet: Die Nummer 1 haben auch sie schon angesurft. 06.08.2017. http://www.chip.de/news/Die-besten-Darknet-Seiten-Surf-tipps-in-der-dunklen-Seite-des-Internets_119862373.html (Zugriff: 05.01.2018).

[48] Vgl. Mey, 2017, S. 67.

[49] Vgl. ebd. S. 69.

Nach dem Hochladen erscheint ein individueller Code, mit dem der Upload verbunden ist und im nachhinein kann über ihn mit der Redaktion anonym Kontakt aufgenommen werden. Dieser Prozess soll dem Whistleblower maximalen Schutz und Anonymität gewährleisten.[50]

Eine weitere legal angebotene Technologie ist der sogenannte Service „Riseup". Dieses Netzwerk bietet sichere Kommunikationskanäle an, die von politischen Gruppen, Organisationen und Einzelpersonen weltweit genutzt werden können. Diese anonymen Kommunikationskanäle bergen jedoch auch ein hohes Missbrauchsrisiko, wenn sie von den falschen Organisationen oder Personen genutzt werden.[51]

Unter den zehn wichtigsten Personen des Jahres 2016 befindet sich laut dem Wissenschaftsmagazin „Nature" die Informatikstudentin Alexandra Elbakyan aus Kasachstan, die das Netzwerk „Sci-Hub" entwickelt hat.[52] „Sci-Hub", auch Schattenbibliothek genannt, ist ein Netzwerk, in dem über 47 Millionen öffentlich finanzierte, aber dennoch kostenpflichtige Forschungen gratis im Darknet abrufbar sind.[53] Das ist natürlich ein Dorn im Auge der konzernartigen Verlage, weshalb auch einer der Wissenschaftsverlage namens „Elsevier" eine Klage gegen „Sci-Hub" eingereicht hat. Das Gericht hat dem Verlag sogar Recht gegeben und „Sci-Hub" sollte vom Netz genommen werden. Das Problem war nur, dass sich die Server in Russland befanden und der Rechtsbruch nicht verfolgt werden konnte. Zusätzlich zu dem Standort in Russland kommt noch eine zweite Adresse im Darknet (.onion). Diese dient zur Sicherheit, falls die Seite im normalen Internet doch einmal entfernt wird.[54]

---

[50] Vgl. ebd. S. 68.

[51] Vgl. Mey, 2017, S. 70.

[52] nature (Hrsg.): Nature's 10. 19.12.2016. https://www.nature.com/news/natures-10-1.21157 (Zugriff: 04.11.2017).

[53] Kühl, Eike: Wer will das Wissen?. 16.02.2016. http://www.zeit.de/digital/internet/2016-02/sci-hub-open-access-wissenschaft-paper-gratis (Zugriff: 04.11.2017).

[54] Vgl. Mey, 2017, S. 72.

4.2 Darknet-Adressen als Baustein

Eine Darknet-Adresse als Baustein wird ausschließlich für die sichere Übermittlung von Daten verwendet. Es gibt zwei verschiedene Anwendungen. Zum Ersten ist da das Programm „OnionShare", das zum Übermitteln von Dateien verwendet wird. Es ist sozusagen das sicherere „Dropbox" oder „WeTransfer".[55] Bei der Verwendung des Programms wird zeitweise eine .onion-Adresse im Darknet generiert, auf die dann die Datei hochgeladenen wird. Auf der Seite des Empfängers kann die Datei dann nach der Eingabe des benötigten Passworts wieder heruntergeladen werden. Im Gegensatz zu „Dropbox" oder „WeTransfer" wird die Datei nicht auf einem Server zwischengespeichert und kann somit auch nicht von einer Drittperson eingesehen werden. „OnionShare" rühmt sich damit, dass selbst, wenn der Internetzugang der jeweiligen Personen überwacht wird, keine Kopie der Datei gemacht werden kann.[56]

Die zweite Anwendungsform ist ein komplett abhörsicherer Chat, welcher durch das Programm „Ricochet" ermöglicht wird. Dieser Chat verläuft ebenfalls wie bei „OnionShare" über eine temporäre Präsenz im Darknet.[57] Durch eine dann automatisch erstellte Adresse bzw. Code können Teilnehmer einen verschlüsselten Chat starten, solange die Adresse des Empfängers bekannt ist.[58] Somit wird kein Server einer Drittperson benötigt, was den zusätzlichen Sicherheitsfaktor bringt.[59]

---

[55] Vgl. Mey, 2017, S. 74f.

[56] Thoma, Jörg: Filesharing für das Tor-Netzwerk. 22.05.2014. https://www.golem.de/news/onionshare-filesharing-fuer-das-tor-netzwerk-1405-106650.html (Zugriff: 05.11.2017).

[57] Vgl. Mey, 2017, S. 76.

[58] Ricochet (Hrsg.): About. https://ricochet.im (Zugriff: 05.11.2017).

[59] Vgl. Mey, 2017, S. 76.

4.3 Exklusive .onion-Inhalte

Es gibt nur sehr wenige Inhalte im Darknet, die exklusiv dort vertreten sind. Meist sind es Spiegelungen von Webseiten im normalen World Wide Web (3.1). Es lassen sich so gut wie keine Inhalte in dieser Kategorie finden, denn die Marktplätze, die in diese Kategorie fallen, sind schnell aufgezählt.[60] Zu diesen kommen noch einige Frage-Antwort-Foren, in denen rege über Gott und die Welt diskutiert wird. Es gibt Fragen und Antworten zu allen denkbaren Themen.[61]

Es ist jedoch nicht klar, wie viele andere Blogs von Oppositionellen in Diktaturen oder Aktivisten es gibt, da es für Menschen ohne Kontakt zu diesen Gruppen nicht möglich ist, die genaue Adresse der Seiten zu finden, solange sie nicht im normalen Internet irgendwo aufgelistet sind, was bei Blogs von Gruppen oder sonstigen Organisationen selten der Fall ist.[62] Von diesen exklusiven .onion-Seiten wurden vom King's College in London 2500 Seiten ausgewertet. Das Ergebnis ist schockierend. 57 Prozent der Seiten waren eindeutig der illegalen Seite zuzuordnen.[63]

---

[60] Vgl. Mey, 2017, S. 77.

[61] Vgl. ebd. S. 79.

[62] Vgl. ebd. S. 81.

[63] Vgl. ebd. S. 66.

4.4 Legale Verwendung

Zu den illegalen Verwendungen kommen noch etliche legale dazu, welche von solcher Wichtigkeit sind, dass das Programm Tor nicht verboten wird. Im folgendem sind einige Möglichkeiten für die nutzvolle Verwendung aus der Sicht des Konsumenten:

- Anonyme Suchanfragen bzw. anonymes Surfen im Internet[64]
- Unzensierte Inhalte[65]
- Freie Meinungsäußerung[66]
- Gewaltloser Widerstand durch Verschlüsselung[67]
- Verschlüsselte Kommunikationsmöglichkeiten[68]
- Verschlüsselte Übermittlung von Daten[69]

---

[64] Darknetguide (Hrsg.): Sicheres Surfen im Darknet - Der Tor-Client. 2016. http://darknet-guide.de (Zugriff: 12.11.2017).

[65] Rentrop, Christian: Der Tor-Browser: Unzensiert im Darknet surfen. 10.10.2017. https://www.heise.de/tipps-tricks/Der-Tor-Browser-Unzensiert-im-Darknet-surfen-3853797.html (Zugriff: 12.11.2017).

[66] Ziesecke, Dennis: Das Darknet - Mehr als nur illegaler Schwarzmarkt. 13.08.2016. http://www.gamestar.de/artikel/das-darknet-mehr-als-nur-illegaler-schwarzmarkt,3301130.html (Zugriff: 12.11.2017).

[67] Vgl. Hostettler, 2017, S. 39f.

[68] Vgl. Mey, 2017, S. 70.

[69] Thoma, Jörg: Filesharing für das Tor-Netzwerk. 22.05.2014. https://www.golem.de/news/onionshare-filesharing-fuer-das-tor-netzwerk-1405-106650.html (Zugriff: 05.11.2017).

5. Experiment Darknet

Die folgenden Kapitel zum Experiment werden im Ich-Stil geschrieben, da das Experiment meine persönlichen Erfahrungen beschreibt.

5.1 Wie leicht komme ich ins Darknet?

Ich starte mein Experiment, indem ich zuerst einmal „Wie komme ich ins Darknet?" in Google eingebe. Als erstes Suchergebnis erscheint die Webseite https://www.tutonaut.de/anleitung-wie-komme-ich-ins-darknet/. Auf der Seite befindet sich eine Anleitung für den Einstieg ins Darknet über den Tor-Browser. Wie auf der Webseite beschrieben, gehe ich auf die Webseite von Tor und lade das Programm mit einem Klick herunter.

Abbildung 5: Bildschirmfoto der Tor Webseite

In der Abbildung 5 ist die Tor Website zu sehen. Linker Hand kann man zuerst die Sprachen einstellen und dann den Download durch den nicht zu übersehenden lila Knopf starten. Auf der rechten Seite der Webseite befindet sich ein Knopf mit der Aufschrift „Donate", was Spenden bedeutet. Auf diese Spenden ist Tor angewiesen, da der Download und die Verwendung des Programms kostenlos sind.

Mir fällt auch das gelbe Warnfeld auf der Webseite auf. Dahinter verbergen sich einige Tipps zur richtigen Verwendung des Programms. Eine Warnung, die ich mir zu Herzen nehme ist, keine heruntergeladenen Dateien zu öffnen, da diese Programme enthalten können! Das gilt auch für PDF-Dateien. [70]

Mit nur zwei weiteren Klicks habe ich nun den Tor-Browser neben meinem herkömmlichen Safari-Browser auf meinem Schreibtisch, wie man in Abbildung 6 erkennen kann.

Abbildung 6: Bildschirmfoto Safari-Browser neben Tor-Browser

Beim Starten des Browsers öffnet sich ein erstes Fenster, welches in der Abbildung 7 dargestellt ist. Jetzt soll für die richtige Auswahl der Internetverbindung gesorgt werden. Da ich keine Ahnung habe, klicke ich auf den nächstbesten Knopf, der meiner Ansicht nach „Verbinden" ist.

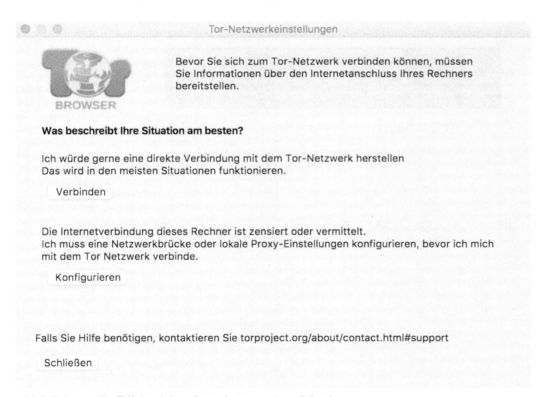

Abbildung 7: Bildschirmfoto Internetverbindung

[70] Tor (Hrsg.): Download. https://www.torproject.org/download/download-easy.html.en#warning (Zugriff: 26.11.2017).

Es ist die richtige Entscheidung. Der Browser hat sich nun von alleine geöffnet und erinnert mich sehr stark an das Layout von Google Chrome. Wie man in der Abbildung 8 erkennen kann, befindet sich in der Mitte des Fensters eine Suchleiste wie bei jedem anderen herkömmlichen Browser. Doch, wie auch schon darunter vermerkt wird, wird als Suchmaschine nicht Google sonder „DuckDuckGo" verwendet.

Abbildung 8: Bildschirmfoto Startfenster

5.2 Wie leicht finde ich die jeweiligen Webseiten?

Ich habe jetzt zwar den Tor-Browser auf meinem Computer, doch ich weiß noch nicht so recht, wonach ich jetzt browsen soll. Deshalb suche ich einfach in Google nach verschiedenen Internetadressen im Darknet zu verschiedenen Themen. Nach der Suche in Google nach „Darknet Links" stoße ich auf die Webseite, namens https://www.deepwebsiteslinks.com. Wie in der Abbildung 9 erkennbar sind nun sehr viele Links vor mir, welche alle in Kategorien unterteilt sind.

DEEP WEB LINKS UPDATE:

- Introduction and Security Tips
- Best Darknet Markets Links
- Tor Emails Deep Web Links
- Tor Chat Rooms Deep Web Links
- Forums/Community/Discussion Board/Chan Deep Web Links
- Drugs Deep Web Links/Deep web drugs Markets 2017
- Blogs/Education/Deep Web Blogs Links Updated 2017
- Erotic 18+ Uncensored Hidden Wiki/Deep Web Porn Links
- Hitman or Hire a Hitman Service Links
- Rent a Hacker Deep Web Links
- Bitcoin Escrow Service Deep Web Links
- Fraud Documents, Passport, ID Cards, Driving License Deep Web Links
- Counterfeit Deep web Links (USD, EURO)
- Carding Deep web Links (Credit Card, Debit Card, Visa Cards, Gifts Card)
- PayPal Accounts Deep Web Links
- Bitcoin Tumbler / Mixing Deep Web Links
- Torrent and Movies Deep Web Links
- Music Radio Deep Web Links 2017
- Games Deep Web Links 2017
- Weapons Deep Web Store Links
- Software/Technology Deep Web Links
- Hacking Software/Hacks/Malware/Virus Deep Web Links
- Commercial Deep Web Links (Tor marketplace) Hidden Wiki Directories
- Gadgets/Tech Products deep web links
- Non-English Deep Web Links (dark net links)
- Red room deep web links
- Facebook / Twitter Clone / Social Media Deep Web Links
- Web Design / Developer Deep Web Links
- Jobs Deep Web Links
- Pastebin/PastePad Deep Web Links
- Extra Deep Web Links (Fun, Chat, Service, Travel, Medical)
- Deep Web/ Dark Web Hosting Service Links
- Image Hosting Service Deep Web Links
- File Hosting Service Deep Web Links

Abbildung 9: Bildschirmfoto Kategorien Links

Ich entscheide mich für die erste Rubrik der Marktplätze. Nach der Auswahl der Kategorie sind alle Marktplätze mit zugehörigem Link der Größe nach aufgelistet. Wie in der Abbildung 10 ersichtlich, ist zuerst der Link angegeben und daraufhin eine kurze Beschreibung des jeweiligen Marktplatzes.

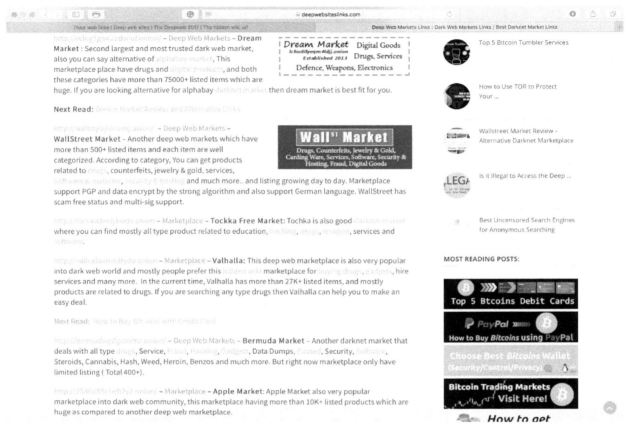

Abbildung 10: Bildschirmfoto Marktplätze Links

Ich will gerade den ersten Link kopieren und im Tor-Browser einsetzen, als mir zufällig auf der Webseite etliche Warnungen beziehungsweise Sicherheitstipps ins Auge stechen, die ich noch anführen will:

- Deaktivieren oder decken Sie ihre Webcam ab.
- Erschaffen Sie eine neue Identität, welche Sie im Darknet verwenden.
- Geben Sie keine persönlichen Informationen an.
- Verwenden Sie ausschließlich anonyme E-Mail Anbieter.
- Schließen Sie alle anderen Programme während der Verwendung von Tor.
- Suchen Sie vor jeder Verwendung nach Softwareupdates.
- Für mehr Sicherheit sollte vor der Verwendung von Tor eine VPN Software gestartet werden.[71]

---

[71] DeepWebSitesLinks (Hrsg.): Deep Web Links. https://www.deepwebsiteslinks.com (Zugriff: 26.11.2017).

Ich versuche mich möglichst an die Anweisungen zu halten, doch einige Schritte erscheinen für mich nicht als relevant, wie zum Beispiel das Anschaffen einer neuen Identität oder einer anonymen E-Mail-Adresse, da ich ja nicht vorhabe, als Käufer oder Verkäufer tätig zu werden. Nichtsdestotrotz decke ich meine Webcam ab, installiere eine VPN-Software und gebe natürlich keine persönlichen Informationen preis.

Nach den getroffenen Sicherheitsmaßnahmen gehe ich auf die Marktplätze „Silk Road 3.0", „Dream Market" und „Valhalla". Doch ich stoße schon auf das erste Problem. Für jeden Marktplatz muss man sich registrieren, bevor man überhaupt auf die Webseite kann. Das Fenster sieht dann so wie in der Abbildung 11 aus. Obwohl kei-ne persönlichen Informationen für die Registrierung gebraucht werden, bin ich mir nicht sicher, ob ich mich direkt als „Buyer", also Käufer, bezeichnen will. Obwohl ich mir ziemlich sicher bin, dass die Anmeldung auf solch einem Marktplatz keine rechtlichen Konsequenzen mit sich ziehen würde, ist mir die Sache dennoch nicht ganz geheuer und ich recherchiere lieber in eine andere Richtung.

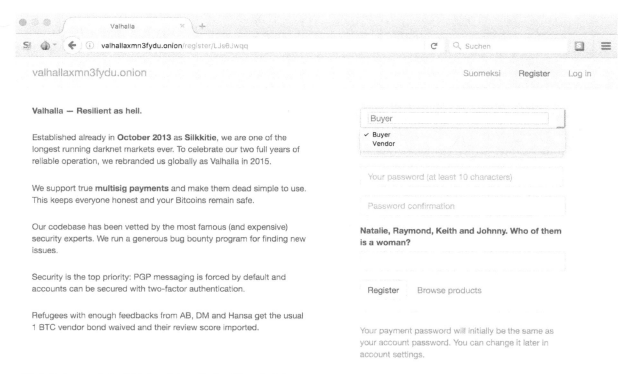

Abbildung 11: Bildschirmfoto Registrierung

Da die „New York Times" in mehreren Ländern verboten und somit zensiert ist, versuche ich auf die Webseite der Zeitung zu kommen. Nach einer zweiminütigen Recherche finde ich im Internet die .onion Adresse der „New York Times". Sie lautet: https://www.nytimes3xbfgragh.onion/. Ich gebe sie somit in den Tor-Browser ein und komme ohne Probleme auf die Homepage der „New York Times".

Die Webseite von „The New York Times" ist in vielen Ländern zensiert, also gesperrt, und kann somit nur über das Darknet aufgerufen werden. Dadurch können zum Beispiel Menschen in China oder sogar Nordkorea westliche Nachrichten verfolgen. Bei Facebook ist das genauso der Fall. Ich finde ohne weiteres den Link von Facebook im Darknet und kann somit überall auf der Welt auf Facebook zugreifen, obwohl es in vielen Ländern gesperrt ist.

5.3 Fazit zum Experiment

Den Tor-Browser zu installieren ist ein Kinderspiel, doch das soll auch so sein, da das Darknet ja eigentlich für jeden leicht zugänglich sein soll. Zusätzlich zum Tor-Browser habe ich mir das VPN-Programm „Betternet" für einen zusätzlichen Schutz gekauft, was aber in meinem Fall eigentlich gar nicht notwendig gewesen wäre.

Was mir auch noch aufgefallen ist, sind die Ladezeiten, die um ein Vielfaches länger sind als mit einem normalen Browser.

Wie erwartet, war es sehr einfach, auf die Webseiten mit anstößigen Inhalten zu kommen, jedoch musste man sich dort zuerst registrieren oder anmelden, um einen Zugriff zu erlangen. Ebensowenig Aufwand war es, die entsprechenden Links für die Nachrichtendienste oder sozialen Netzwerke zu finden (New York Times und Facebook) und anschließend in den Browser einzusetzen.

Die Benutzerfreundlichkeit ist somit ein zweischneidiges Schwert. Zum einen leicht zu bedienen auch für Menschen in Ländern mit Zensur, zum anderen aber ebenso leicht zu bedienen für Menschen mit kriminellen Absichten.

6. Rechtslage

6.1 Gesetzeslage

Laut dem Rechtsanwalt Christian Solmecke, der im Internet ein Video zur Gesetzeslage im Darknet veröffentlicht hat, sieht diese wie folgt aus. Eine Kaufverhandlung zu einem illegalen Produkt oder Dienstleistung zu führen, ist bereits schon eine Straftat. Erst recht strafbar wird es dann, wenn ein illegales Produkt oder eine Dienstleistung erworben wird.

Das alleinige „Stolpern" auf Webseiten mit illegalen Angeboten ist noch keine Straftat. Kritisch wird es dennoch, wenn es sich bei der Webseite um eine mit kinderpornografischen Inhalten handelt. Da es schwer nachzuweisen ist, dass man ohne Absicht auf diese Inhalte gestoßen ist, sollte man die Webseite sofort schließen und den Verlauf löschen. Ein Download solcher Inhalte ist natürlich strafbar.[72]

Laut dem deutschen Staatsanwalt Dr. Krause scheitern die Ermittlungen im Bereich Cyber-Kriminalität oft an den veralteten Gesetzen. Er wünscht sich, dass die Gesetze in dem Bereich überarbeitet werden und nennt auch ein sehr einleuchtendes Beispiel. Der §99 der StPO also der Postbeschlagnahme, ist seit der Zeit der Postkutschen unbearbeitet geblieben. Und da es kein Gesetz für die Beschlagnahmung von E-Mails oder Sonstigem gibt, bedeutet das, dass das Gesetz der Postbeschlagnahme aus der Zeit der Postkutschen immer noch gilt, was natürlich völliger Schwachsinn ist.[73]

---

[72] Peters, Marcel: Darknet-Suchmaschine - gibt es das?. 14.10.2017. http://praxistipps.chip.de/darknet-suchmaschine-gibt-es-das_46504 (Zugriff: 05.01.2018).

[73] Vgl. Mey, 2017, S. 158f.

6.2 Strafverfolgung

Die Ermittler im Darknet kommen über Umwege mit klassischen Ermittlungen zum Ziel. Es gibt keine spezielle Software oder sonstiges, das das Ermitteln vereinfacht. Es werden immer noch einfache Spuren, wie zum Beispiel E-Mail-Adressen oder abgefangene Versendungen, für die Ermittlung gebraucht.

Bei etwa einem Drittel aller verzeichneten Fälle im Bereich der Cyber-Kriminalität wurde das Darknet bewusst verwendet. Einige Schätzungen besagen sogar, dass sich die Hälfte aller internationalen Ermittlungen im Bereich der Cyber-Kriminalität auf das Darknet und auf die virtuellen Währungen darin beziehen.[74]

Es besteht ein großer Mangel an Fachleuten im Staatsdienst in diesem Bereich, da die Privatwirtschaft mit höheren Lohnangeboten verlockender ist. Auch das Wissen der Ermittler kann mit dem rasanten Fortschritt der Technik nicht mehr Schritt halten, weshalb die Kluft zwischen dem vorhandenen und dem erforderlichen Wissen immer größer wird. Für manche Beamte ist schon das normale Internet Neuland, weswegen viele Ermittler schon bei einer amerikanischen E-Mail-Adresse passen müssen.[75]

Jedoch gibt es auch positive Entwicklungen im Bereich der Cyber-Kriminalität Bekämpfung. Ausgehend von den USA wurde zum Beispiel eine sogenannte Weltpolizei gegründet, die eine eigene Gruppe zur Cyber-Kriminalität Bekämpfung beinhaltet und weltweit agiert. Das Ziel dieser Gruppe von Spezialisten ist es, die Hintermänner der Marktplätze im Darknet aufzuspüren.[76]

---

[74] Vgl. Hostettler, 2017, S. 153ff.

[75] Vgl. ebd. S. 163.

[76] Vgl. ebd. S. 185.

So wurde der Betreiber des Marktplatzes „Alphabay" mittlerweile auch festgenom-
men, denn er hat sich durch eine alte E-Mail-Adresse verraten, die er zuvor privat
benutzt hat. Das FBI folgte der Spur der E-Mail und wurde direkt zu dem früheren
Arbeitsplatz und somit zu dem Betreiber geführt, der von Thailand aus handelte.[77]

Abbildung 12: Betreiber von „Alphabay" vor seinem Lamborghini

Wie man in der Abbildung 15 erkennen kann, ging der Kryptomillionär nicht sparsam
mit seinem Geld um. Fraglich ist auch, wieso das Finanzamt in Thailand bei solchen
Käufen keinen Verdacht schöpfte. Sein gesamtes Vermögen von über 8 Millionen
Euro war in einer Excel-Liste in Form von verschiedenen Kryptowährungen gespeichert. Verurteilt wurde er nicht, da er sich nach der Verhaftung sein Leben nahm.[78]

---

[77] Der Standard (Hrsg.): Alphabay Betreiber aufgrund etlicher Unachtsamkeit aufgeflogen.
22.07.2017. http://derstandard.at/2000061658868/AlphaBay-Betreiber-aufgrund-etlicher-
Unachtsamkeiten-aufgeflogen (Zugriff: 05.01.2018).

[78] Vgl. ebd.

7. Fazit

Aktuell überwiegen die kriminellen Geschäfte und somit die Nachteile des Darknet. Doch laut Marek Tuszynski, dem Leiter von Tactical Tech, einem Unternehmen, welches Schulungen zur sicheren Nutzung von Kommunikationstechnologien anbietet, wird sich das noch ändern:

> *„Die Tatsache, dass die Technologie zurzeit nicht, wie eigentlich geplant, von Aktivisten genutzt wird, sondern von Leuten, die Drogen kaufen, hat nicht viel zu bedeuten. Es bedeutet nur, dass es noch nicht genügend User gibt, die das Darknet entdeckt haben, um daraus einen wirklich interessanten und politischen Ort zu machen."*[79]

Die aktuelle Explosion der Kryptowährungen verursacht sicherlich auch eine positive Stimmung unter den Menschen auf den Marktplätzen, da sie mit großer Wahrscheinlichkeit selbst Besitzer solcher Kryptowährungen sind und somit ihr Vermögen vergrößern konnten. Vielleicht können sie sich an das Beispiel mit den zwei Verkauften Pizzen um 10.000 Bitcoins erinnern, die dann auf einmal 36 Millionen Euro wert waren. Beim heutigem Kurs sind es mindestens 150 Millionen Euro. Solche Zahlen stärken natürlich das Vertrauen in die neue Technologie.

Jedoch gibt es auch sehr viele Gegenstimmen wenn es um Kryptowährungen geht. Eine davon ist der EZB-Präsident Jean-Claude Trichet, welcher das Konzept der Kryptowährungen für völlig inakzeptabel hält. Laut ihm werden damit Verbrechen wie Terrorismus und Betrug finanziert.[80]

Zu dem Experiment kann ich nur eines sagen: Es ist kinderleicht ins Darknet zu kommen! Doch das ist wie schon gesagt ein zweischneidiges Schwert.

---

[79] Mey, 2017, S. 82.

[80] Gaulhofer. Karl: „Es gibt ein sehr ernstes Risiko einer neuen Krise". In: Die Presse, 27.01.2018, S. 15.

Experten und Vereine, wie zum Beispiel der Chaos Computer Club in Zürich, sind davon überzeugt, dass auch im Darknet die Chancen überwiegen.[81] Dasselbe berichtet auch die Zeitung „Zeit Online", in der geschrieben steht, dass die „Verteufelung" des Darknets nicht in Ordnung sei.[82]

„Verteufelung" trifft es meiner Meinung nach sehr gut. Fakt ist, dass illegale Güter dort bestellt und gehandelt werden. Doch auch im selben oder zumindest ähnlichem Ausmaß wird das Darknet für positive Zwecke verwendet. Über diese Aktionen wird dann jedoch nie berichtet. In den öffentlichen Medien erscheinen ausschließlich die negativen Nachrichten über das Darknet.

Ich hoffe, dass ich mit dieser Arbeit ein klareres Bild über das komplexe Phänomen Darknet ermöglicht habe.

---

[81] Frankfurter Allgemeine (Hrsg.): Darknet hat mehr Vor- als Nachteile. 27.07.2016. http://www.faz.net/aktuell/gesellschaft/kriminalitaet/chaos-computer-club-sieht-mehr-vor-als-nachteile-im-darknet-14359226.html (Zugriff: 06.01.2018).

[82] Baurmann, Jana G.: Eine ziemlich gute Sache. 05.09.2016. http://www.zeit.de/2016/33/darknet-bashing-tor-software-rechtlosigkeit (Zugriff: 06.01.2018).

8. Quellenverzeichnis

a plus (Hrsg.): 5 scary things anyone can buy in the darkness illegal markets. 24.08.2014. http://aplus.com/a/Darknets-illegal-drug-and-weapons-market?no_monetization=true (Zugriff: 29.10.2017).

Baurmann, Jana G.: Eine ziemlich gute Sache. 05.09.2016. http://www.zeit.de/2016/33/darknet-bashing-tor-software-rechtlosigkeit (Zugriff: 24.08.2017).

Darknetguide (Hrsg.): Sicheres Surfen im Darknet - Der Tor-Client. 2016. http://darknetguide.de (Zugriff: 12.11.2017).

DeepWebSitesLinks (Hrsg.): Deep Web Links. https://www.deepwebsiteslinks.com (Zugriff: 26.11.2017).

Der Standard (Hrsg.): Alphabay Betreiber aufgrund etlicher Unachtsamkeit aufgeflogen. 22.07.2017. http://derstandard.at/2000061658868/AlphaBay-Betreiber-aufgrund-etlicher-Unachtsamkeiten-aufgeflogen (Zugriff: 05.01.2018).

Dr. Giese, Philipp u.a.: Die Bitcoin Bibel. Das Buch zur digitalen Währung. Kleve 2017.

finanzen.at (Hrsg.): Bitcoin-Euro-Kurs. 24.08.2017. http://www.finanzen.at/devisen/bitcoin-euro-kurs (Zugriff: 24.08.2017).

Frankfurter Allgemeine (Hrsg.): Darknet hat mehr Vor- als Nachteile. 27.07.2016. http://www.faz.net/aktuell/gesellschaft/kriminalitaet/chaos-computer-club-sieht-mehr-vor-als-nachteile-im-darknet-14359226.html (Zugriff: 06.01.2018).

Gaulhofer, Karl: „Es gibt ein sehr ernstes Risiko einer neuen Krise". In: Die Presse, 27.01.2018, S. 15.

Hostettler, Otto: Darknet. Die Schattenwelt des Internets. Zürich 2017.

Humpa, Michael: Die beliebtesten Seiten im Darknet: Die Nummer 1 haben auch sie schon angesurft. 06.08.2017. http://www.chip.de/news/Die-besten-Darknet-Seiten-Surftipps-in-der-dunklen-Seite-des-Internets_119862373.html (Zugriff: 05.01.2018).

Kühl, Eike: Wer will das Wissen?. 16.02.2016. http://www.zeit.de/digital/internet/2016-02/sci-hub-open-access-wissenschaft-paper-gratis (Zugriff: 04.11.2017).

Loshin, Peter: Anonym im Internet mit Tor und Tails. Nutze die Methoden von Snowden und hinterlasse keine Spuren im Internet. Haar Bei München 2015.

Peters, Marcel: Darknet-Suchmaschine - gibt es das?. 14.10.2017. http://praxistipps.chip.de/darknet-suchmaschine-gibt-es-das_46504 (Zugriff: 05.01.2018).

Mey, Stefan: Darknet. Waffen, Drogen, Whistleblower. München 2017.

nature (Hrsg.): Nature's 10. 19.12.2016. https://www.nature.com/news/natures-10-1.21157 (Zugriff: 04.11.2017).

Neuhaus, Carla: Was hinter dem Kursanstieg der Bitcoins steckt. 23.05.2017. http://www.zeit.de/wirtschaft/2017-05/bitcoins-digitale-waehrung-kursanstieg-experten-furcht-blase (Zugriff: 24.08.2017).

Rentrop, Christian: Der Tor-Browser: Unzensiert im Darknet surfen. 10.10.2017. https://www.heise.de/tipps-tricks/Der-Tor-Browser-Unzensiert-im-Darknet-surfen-3853797.html (Zugriff: 12.11.2017).

Ricochet (Hrsg.): About. https://ricochet.im (Zugriff: 05.11.2017).

Schiffer, Christian: Wie Ermittler „AlphaBay" und „Hansa" knackten. 21.07.2017. http://www.br.de/nachrichten/schlag-gegen-darknet-100.html (Zugriff: 10.09.2017).

Steiner, Katharina: Sicherheit in Österreich. S. 9. https://goed.at/fileadmin/magazin/2017-03/mobile/index.html#p=9 (Zugriff: 28.10.2017).

Süddeutsche Zeitung (Hrsg.): Amokschütze von München besorgte sich Waffe im Darknet. 24.07.2016. http://www.sueddeutsche.de/panorama/eil-amokschuetze-von-muenchen-besorgte-sich-waffe-im-darknet-1.3092518 (Zugriff: 23.08.2017).

Thoma, Jörg: Filesharing für das Tor-Netzwerk. 22.05.2014. https://www.golem.de/news/onionshare-filesharing-fuer-das-tor-netzwerk-1405-106650.html (Zugriff: 05.11.2017).

Tor (Hrsg.): Download. https://www.torproject.org/download/download-easy.html.en#warning (Zugriff: 26.11.2017).

Valandro, Franz: Interview, geführt vom Verfasser, Mitschrift, Dornbirn 15.01.2018.

Wikipedia (Hrsg.): Ross Ulbricht. 04.08.2017. https://de.wikipedia.org/wiki/Ross_Ulbricht (Zugriff: 06.08.2017).

Yeung, Peter: Eine Tour durch die schönsten, schrägsten absolut legalen Seiten des Deepwebs. 29.05.2014. https://motherboard.vice.com/de/article/9a3jqa/was-das-deep-web-ausser-dem-Ueblichen-und-verdaechtigen-noch-zu-bieten-hat (Zugriff: 29.10.2017).

Ziesecke, Dennis: Das Darknet - Mehr als nur illegaler Schwarzmarkt. 13.08.2016. http://www.gamestar.de/artikel/das-darknet-mehr-als-nur-illegaler-schwarzmarkt,3301130.html (Zugriff: 12.11.2017).

9. Abbildungs- und Tabellenverzeichnis

BEI GRIN MACHT SICH IHR WISSEN BEZAHLT

- Wir veröffentlichen Ihre Hausarbeit,
  Bachelor- und Masterarbeit

- Ihr eigenes eBook und Buch -
  weltweit in allen wichtigen Shops

- Verdienen Sie an jedem Verkauf

Jetzt bei www.GRIN.com hochladen
und kostenlos publizieren

www.ingramcontent.com/pod-product-compliance
Lightning Source LLC
LaVergne TN
LVHW082349060326
832902LV00017B/2734